RÉCLAMATION

D'UN FRANÇAIS.

> Le gouvernement actuel peut exiger de moi de la soumission, mais rien de plus. Je ne puis avoir ni dévouement ni amour pour l'usurpation et l'illégalité.

PARIS.

G.-A. DENTU, IMPRIMEUR-LIBRAIRE,

RUE DU COLOMBIER, n° 21 ;

et Palais-Royal, galerie d'Orléans, n° 13.

1830.

Les hommes d'un parti subitement arrivé au pouvoir répètent que les Français sont unanimes dans leur joie des triomphes du parti, unanimes dans leur amour pour de nouveaux maîtres; ces hommes se trompent ou veulent tromper la France; ils prennent pour un assentiment à leur victoire la muette et douloureuse résignation des honnêtes gens, et, semblables aux oppresseurs dont parle Tacite, *ubi silentium faciunt, pacem appellant.* Peuvent-ils croire à cette unanimité dont ils parlent sans cesse? Des pairs, des députés, des fonctionnaires de tous les rangs, par leurs protestations et leurs démissions, n'ont-ils pas déjà refusé de s'associer aux résultats de la violence et de l'illégalité? Tandis que les vainqueurs insultent aux vaincus et s'emparent de leurs dépouilles, pensent-ils que ceux-ci partagent leurs opinions et leur joie? Où donc est l'unanimité de la France? Et d'ailleurs la France a-t-elle été consultée? C'est ce que nous tenterons d'examiner.

Nous ne le cachons pas, nous sommes au nombre des vaincus; nous sommes fiers de pouvoir dire : Tout est perdu, *fors l'honneur*. Quelle que soit notre position, à nous partisans d'une légitimité proscrite, nous ne renierons point les sermens faits à une dynastie déchue; nous ne renierons point les éternelles vérités de la morale et du droit; et, suivant l'exemple de ce citoyen d'Athènes dont un bras ennemi menaçait la tête, nous dirons au puissant du jour : *Frappe, mais écoute.*

Une révolution vient de s'accomplir; forcés de nous y soumettre, nous ne nous livrerons pas à d'inutiles récriminations : seulement, qu'il nous soit permis d'examiner si la conduite de ceux qui ont fait cette révolution, est conforme aux principes qu'ils ont invoqués pour la faire. Cet examen est indispensable. En effet, si nos vainqueurs ne suivent pas dans leur conduite les principes qu'ils professaient, il en résulte évidemment, ou que leurs principes sont mauvais, et qu'alors ils n'auraient pas dû les invoquer, ou que leur conduite est coupable, puisqu'elle s'écarte de principes proclamés excellens.

Le 28 juillet, on soulevait les citoyens au nom de la Charte ; c'est au nom de la Charte qu'on les poussait au combat. A peine l'innombrable population parisienne a-t-elle triomphé de quelques régimens sans vivres et sans munitions, voyez quels sont les actes des députés : une quarantaine d'entre eux, réunis chez un banquier, ont offert la lieutenance-générale du royaume.

Quel article de la Charte les investissait de ce

pouvoir? De quel droit un conciliabule illégal a-t-il prétendu décider du sort de la France?

Ces députés continuent leurs actes; ils oublient qu'aux termes de la Charte, la personne du Roi est inviolable et sacrée; que les ministres seuls sont responsables; ils contraignent Charles X à sortir du royaume; ils intervertissent l'ordre de succession au trône; ils dépouillent un jeune prince de l'héritage de son aïeul, et créent ainsi pour la seule famille royale un privilége de proscription.

Enfin, ces députés, élus uniquement pour discuter les lois proposées au nom du Roi et régler le vote du budget, disposent de la couronne, et nous imposent un nouveau monarque.

Un seul de ces actes est-il conforme au texte ou à l'esprit de la Charte? Bientôt cette Charte, déjà méconnue, est ouvertement attaquée; ses articles fondamentaux sont mutilés, dénaturés;

une Charte nouvelle est improvisée en quelques heures.

Que de fois, cependant, les hommes du 28 juillet n'ont-ils pas protesté de leur respect pour ce Roi qu'ils ont banni, de leur attachement à cette Charte qu'ils ont violée, déchirée, anéantie!

Depuis quinze ans, ils nous parlaient de leur inaltérable fidélité à la Charte de Louis XVIII: si elle était parfaite, comme ils nous le disaient, pourquoi donc la changer? si elle était défectueuse, pourquoi protester de leur amour pour elle?

Leurs protestations, leurs sermens étaient-ils donc autant de mensonges? et, depuis quinze ans, jouaient-ils un rôle de déception et d'hypocrisie?

Poursuivons notre examen.

Les principes du droit public établi par la

Charte sont renversés; la souveraineté du peuple est hautement proclamée. Nous ne demanderons pas si le dogme de la souveraineté du peuple n'expose point la France à tous les dangers de l'anarchie; nous ne demanderons pas si l'opinion publique ne peut jamais s'égarer, et dans quel abîme de maux se précipiterait un peuple égaré qui se croit le droit de changer ses lois et son monarque; nous ne demanderons pas si la vue de la branche aînée des Bourbons, exclue du trône et frappée jusque dans un prince dont l'âge rend toute faute impossible, n'est point un périlleux exemple pour la branche appelée à les remplacer.

Après un soulèvement dans les rues d'une grande ville, la couronne est devenue élective; un Roi a été élu. Si le peuple avait ce droit une seule fois, pourquoi ne l'aurait-il plus à l'avenir? et si de pareils évènemens venaient à se renouveler, ne faudrait-il pas prédire la ruine de la France?

Ces questions sont graves ; mais, aujourd'hui, nous n'essaierons pas même de les soulever. Prenons pour bonnes les doctrines des vainqueurs de juillet ; voyons seulement si leurs actions se règlent sur leurs doctrines.

Le peuple est souverain ; alors, pourquoi le priver de l'exercice de sa souveraineté ? pourquoi n'est-ce pas le peuple qui a rédigé la nouvelle Charte et choisi le nouveau Roi ? La nation, nous dira-t-on, est représentée par ses députés ; sans doute, mais seulement lorsqu'elle les a chargés de la représenter.

Interrogez donc les électeurs, et vous saurez si jamais un seul d'entre eux, aux dernières élections, eut la pensée de confier aux députés le soin de faire une Charte et de nommer un Roi par assis et levé !

Le peuple qui a combattu dans les trois jours de juillet est, dites-vous, animé d'un esprit de justice et de sagesse; pourquoi donc ne lui a-t-on pas permis de délibérer, de voter sur les grandes mesures qui ont suivi sa victoire? Pourquoi s'est-on hâté de reconstruire un trône, sans daigner consulter ce peuple qui venait de renverser l'ancien? L'impérieuse nécessité, me répondra-t-on, est l'excuse des Chambres; elles ont mis de côté toutes les lois pour ne songer qu'à la loi suprême, *le salut de la patrie;* il fallait éviter les troubles qui menaçaient de déchirer la France.

De telles excuses insultent la nation; si elle est sage, si elle est unanime dans son amour pour la révolution, on ne devait craindre ni discorde, ni anarchie.

Admettons un instant que les circonstances aient pu forcer les députés à sortir des voies légales; pourquoi n'y pas rentrer dès qu'ils croient le calme rétabli? Pourquoi ne veulent-ils pas faire ratifier leur choix par des assemblées populaires? Craignent-ils donc que le peuple ne les désavoue? Enfin, si la volonté d'un peuple entier ne doit s'exprimer que par les représentans du corps privilégié des électeurs, pourquoi les députés ne veulent-ils pas se soumettre à de nouvelles élections?

N'est-il pas bien présomptueux à certains hommes chargés de défendre les intérêts d'un département ou d'un arrondissement, de croire qu'ils ont aussi notre confiance pour fonder une Constitution et nous faire passer sous le sceptre du maître qu'il leur plaira de nous désigner?

De quelque parti qu'ils soient, tous les esprits conséquens s'accordent à demander la dissolution de la Chambre de 1830, de cette Chambre illégale qui s'obstine à siéger en vertu d'une Charte détruite, et qui, après s'être élevée contre le droit des Rois, se joue également du droit des peuples.

On a reconnu le principe de la souveraineté

du peuple, il ne faut pas reculer devant son application, il faut au moins que les électeurs s'assemblent pour nommer les députés auxquels ils voudront confier la mission de choisir le chef de l'Etat.

Alors, pour que les électeurs exercent pleinement leur droit de souveraineté, ils doivent être dégagés de toutes promesses, de tous sermens antérieurs; qu'ils jurent seulement de voter en conscience pour le bien de leur patrie, on ne peut exiger d'eux aucun autre serment.

Il serait bizarre, il serait dérisoire de dire aux Français : « Vous êtes souverains, mais vous n'émettrez aucun vote qu'après avoir juré obéissance à tel ou tel prince. » Voilà cependant le discours qu'on nous tient depuis deux mois.

Est-ce avec de si étranges contradictions qu'on peut nous persuader, nous, peuple libre, souverain et raisonnable ?

A moins de vouloir se jeter dans l'absurde, il faut aujourd'hui choisir entre deux systèmes, la Charte de Louis XVIII ou la souveraineté du peuple.

Si nous prenons pour guide cette ancienne Charte que nous avions tous juré d'observer, l'ordre de succession au trône est régulièrement rétabli, Henri V doit régner sur nous; si nous adoptons le dogme de la souveraineté du peuple, il faut que la nation soit convoquée pour élire un Roi : en un mot, il faut que la couronne soit mise aux voix, ou qu'on la rende à Henri V, qui la tenait de sa naissance.

Voilà nos principes; il serait difficile d'en contester l'évidence.

Cependant les hommes qui exploitent à leur profit les évènemens de juillet ont répudié la Charte de Louis XVIII, et répudient également les assemblées populaires; ainsi aucun système ne justifie ce qui se passe aujourd'hui en France : le gouvernement actuel ne repose ni sur la légitimité selon la Charte, ni sur la légitimité selon le peuple ; c'est donc un gouvernement de fait, un pouvoir arbitraire ; nous cédons, nous obéissons à la force ; on peut exiger de nous de la soumission, mais rien de plus.

Si on vient nous demander un pieux respect pour les actes émanés des Chambres, nous répondrons :

« Les Chambres ont violé toutes les lois. »

Si on vient nous demander du dévouement pour de nouveaux chefs, nous répondrons :

« Nos affections sont dues à cette branche aînée des Bourbons, qui a donné à la France plus de bonheur et de liberté qu'elle n'en avait jamais goûté, plus peut-être qu'elle n'en goûtera jamais. »

Charles de Nugent.

www.ingramcontent.com/pod-product-compliance
Lightning Source LLC
LaVergne TN
LVHW010323230826
846091LV00009B/3754
9782011763891